Like www.facebook.com/myboshi

Zum Spielen, Fühlen und Kuscheln, haben wir die Babydecke Pünktchen im Sortiment. Das farbenfrohe Design mit den eingehäkelten bunten Knubbeln eignet sich sowohl zum Zudecken als auch zum Spielen. Ein idealer Begleiter durch die ersten Lebensmonate, der schnell liebgewonnen wird.

Natürlich sollen auch die Kleinen nicht auf unsere beliebten Mützen verzichten müssen – daher gibt es jetzt auch die Boshi-mini! Diese Baby-Boshi gibt es als ein- oder zweifarbige Version mit einer kleinen gehäkelten Schleife als niedlichem Highlight.

Zu guter Letzt bieten wir euch die Häkelanleitung zum knuffigen Knuddeltuch-Bini! Dieses supersüße Spielzeug zum Liebhaben und Anfassen besteht aus einem einfarbigen Häkeltuch mit angebrachter Biene. Die kuschelige Biene wird durch Füllwatte besonders griffig und ist der liebevolle Blickfang des Tuchs.

Die Wolle vom Trendsetter...
original und exklusiv

291 weiß · 237 aprikose · 215 avocado · 225 olive · 273 karamell · 274 kakao · 294 titangrau · 296 schwarz

213 löwenzahn · 262 magenta · 234 chillirot · 263 violett · 253 ozeanblau · 255 marine · 221 limettengrün · 222 grasgrün

Die Farben auf den Farbkarten können sich geringfügig von den tatsächlichen Garnfarben unterscheiden.

292 elfenbein | 261 candy purpur | 252 türkis | 251 himmelblau | 227 minze | 214 vanille | 239 himbeere | 238 magnolie

Die Neue ist da - myboshi Wolle No.2

Unser neues Garn Boshi No.2 besteht aus einem innovativen Gemisch von 85% Baumwolle und 15% Kapok - unter der Verwendung von ökologisch hochwertigen, natürlichen Materialien (organic cotton) ist dieses Garn ein reines Naturprodukt, das besonders auch für Babys und Kleinkinder geeignet ist - völlig ohne gesundheitliche Bedenken! Die leichte und zarte Qualität der Boshi No.2, die in den aktuellen Trendfarben geliefert wird, ergänzt unser Sortiment um die perfekte Sommerwolle!

15% Kapok
85% Baumwolle
Nadelstärke: 4 - 5
Lauflänge: 50 g ~ 100 m

Häkel – Grundanleitung
...immer locker bleiben

#1 Der Anfang

Bild 1: Den Faden um den Zeigefinger der linken Hand legen.

Bild 2: Im zweiten Schritt das Fadenende von vorne um den Daumen legen, damit eine Schlinge entsteht. In die Schlinge wird nun von unten mit der Häkelnadel eingestochen, der Arbeitsfaden mit dem Haken aufgenommen und nach unten durchgezogen. Nun den Daumen aus der Schlinge nehmen und das Fadenende anziehen. Fertig ist die erste Luftmasche! Darauf achten, dass der Arbeitsfaden auf der Nadel bleibt, wenn man diese durch die Daumenschlinge zieht.

Bild 3: Den Arbeitsfaden um die Finger der linken Hand legen. Dies reguliert die Fadenspannung während des Häkelns. Hält man die Finger fest zusammen, läuft der Faden schwerer. Bei lockerer Haltung gleitet er leicht hindurch.

Bild 4: Die erste Schlinge mit dem Daumen und Mittelfinger festhalten und den Faden durch die Schlinge ziehen.

Bild 5: Fortan wiederholen bis die gewünschte Anzahl an Luftmaschen erreicht ist. Immer wieder mit dem Daumen und Mittelfinger, die Luftmaschenkette festhalten, damit genug Spannung auf der immer länger werdenden Luftmaschenkette liegt.

#2 Die feste Masche

Mit der Häkelnadel in die nächste Masche einstechen und den Faden durch diese holen. Wichtig dabei ist, dass 2 Schlingen der Masche über der Nadel liegen und sich eine Schlinge unter der Nadel befindet.

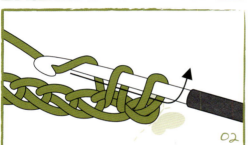

Es befinden sich nun 2 Schlingen auf der Nadel. Den Faden wieder mit der Nadel aufnehmen (das nennt man auch Umschlag) und durch diese beiden Schlingen ziehen. Fertig ist die erste feste Masche!

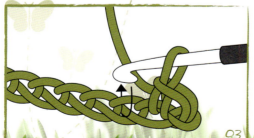

In die nächste Masche einstechen und den Faden durch die Schlinge ziehen. Es befinden sich wieder 2 Schlingen auf der Nadel. Faden mit der Nadel aufnehmen und wieder durch beide Schlingen ziehen.

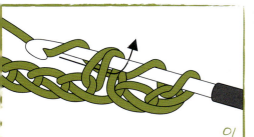

#3 Das halbe Stäbchen

Vor dem Einstechen in die nächste Masche wird der Faden einmal um die Häkelnadel gelegt. So liegen vor dem Einstechen schon 2 Schlingen auf der Nadel. Nun in die Masche einstechen, den Faden aufnehmen und durch diese Masche hindurchziehen.

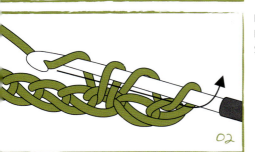

Es liegen nun 3 Schlingen auf der Häkelnadel. Faden erneut aufnehmen und durch alle 3 Schlingen ziehen.

Nun ist das erste halbe Stäbchen fertig! Fortan wiederholen.

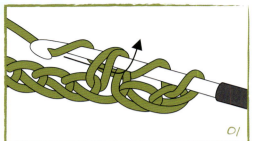

#4 Das einfache Stäbchen

Faden vor dem Einstechen in die Luftmasche einmal um die Nadel legen (einen Umschlag machen). In die Masche einstechen und den Faden durch diese hindurchziehen. Es liegen nun 3 Schlingen auf der Häkelnadel.

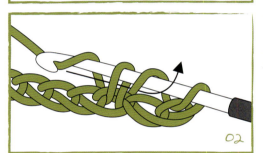

Faden mit der Nadel aufnehmen und durch die ersten beiden auf der Nadel liegenden Schlingen ziehen. Es liegen nun 2 Schlingen auf der Häkelnadel.

Faden wieder mit der Nadel aufnehmen und durch die beiden noch auf der Nadel liegenden Schlingen ziehen. Fertig ist das erste Stäbchen! Fortan wiederholen.

#5 Die Kettmasche

Mit der Häkelnadel in die Masche einstechen, den Faden aufnehmen und durch die bereits auf der Nadel liegende Schlinge ziehen.

Den Vorgang fortan wiederholen. Kettmaschen werden oft am Ende einer Häkelarbeit als Umrandung dieser verwendet.

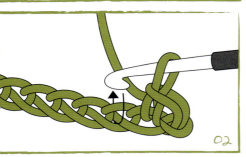

Der Anfang einer Boshi

Zu Beginn werden 4 Luftmaschen angeschlagen und mit einer Kett- und Luftmasche zu einem Ring geschlossen.

Siehe Bild 1 - 5.

Arbeitsfaden mit der Nadel holen und durch die 1. Luftmasche ziehen.

Luftmaschenkette mit 4 Luftmaschen.

So sieht es aus, wenn der Arbeitsfaden durch die 1. Luftmasche gezogen wird. Was jetzt auf der Nadel liegt, ist die Kettmasche.

In die 1. Luftmasche der Kette einstechen.

Nun den Arbeitsfaden erneut auf die Nadel nehmen (= Umschlag machen) und durch die Kettmasche ziehen.

Die erste Runde
(1. Farbe = 12 halbe Stäbchen)
Beispiel: halbe Stäbchen im Anfangsring.

Siehe Bild 1 - 5.

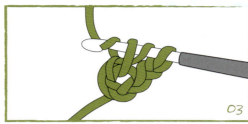

Arbeitsfaden wieder von unten mit der Nadel holen und durch alle 3 Schlingen ziehen.

Einen Umschlag von unten um die Nadel machen.

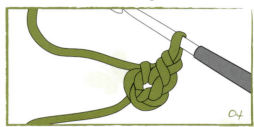

Fertig ist das erste halbe Stäbchen.

Mit der Nadel in den Anfangsring einstechen, dann von unten den Arbeitsfaden auf die Nadel holen und durch die Einstichstelle ziehen.

12 halbe Stäbchen im Anfangsring.

Herrlich zum Anfassen ;) Die einfarbige Decke mit bunten Farbtupfen.
F ist die Abkürzung für Farbe

Nadeln: myboshi Häkelnadel 4,5 mm, Stick-/ Vernähnadel

Material: myboshi Wolle No.2 - 8 Knäuel

Farben:
F1	227 minze	250 g	
F2	255 marine	30 g	(Knubbel 1)
F3	253 ozeanblau	30 g	(Knubbel 2)
F4	221 limettengrün	30 g	(Knubbel 3)

Farben sind auch frei wählbar!!!

oder:
F1	251 himmelblau	250 g	
F2	239 himbeere	30 g	(Knubbel 1)
F3	238 magnolie	30 g	(Knubbel 2)
F4	215 avocado	30 g	(Knubbel 3)

Maschenprobe: 10 x 10 cm = 14 halbe Stäbchen x 10 Reihen
Größe: Breite ca. 67 cm, Höhe ca. 64 cm
Arbeitszeit: ca. 8 h

Vorbereitung

Bevor es losgeht, von den 3 Knubbelfarben ca. 80 cm lange Fäden zurechtschneiden.

„Knubbel 1" (F2): 51 Fäden
„Knubbel 2" (F3): 67 Fäden
„Knubbel 3" (F4): 51 Fäden

Erklärungen

Die Decke wird mit halben Stäbchen in Hin- und Rückreihen gehäkelt. Das 10. halbe Stäbchen ist immer ein Knubbel. Die Knubbel entstehen in den Rückreihen.

Knubbel

Die kleinen Knubbel entstehen durch 5 oben zusammengehäkelte einfache Stäbchen aus 80 cm langen Fadenstücken.

Ein Knubbel wird immer in eine Einstichstelle gehäkelt:
Das heißt 1 Umschlag machen, Faden holen und durch die ersten beiden Schlingen ziehen.

Das Ganze (1 Umschlag machen, Faden holen und immer durch die ersten beiden Schlingen, die auf der Nadel liegen, ziehen) 5mal wiederholen bis 6 Schlingen auf der Nadel sind. Erneut 1 Umschlag machen und Faden durch diese 6 Schlingen ziehen. Fertig ist der Knubbel!

Detaillierte Häkelanleitung
Babydecke - Pünktchen

Anfang
100 Luftmaschen + 1 Wendeluftmasche anschlagen.
Aufgepasst! Die Wendeluftmasche am Ende jeder Reihe nicht vergessen.

Anleitung

1. Reihe (Hinreihe): halbe Stäbchen (F1) häkeln.

2. Reihe (Rückreihe): 9 halbe Stäbchen (F1) häkeln, das 9. halbe Stäbchen bereits mit
insgesamt 9 Knubbel! der „Knubbel 1" Farbe abmaschen, d.h. das halbe Stäbchen mit
Umschlag beginnen, den Faden durch Einstichstelle ziehen, die
Knubbelfarbe aufnehmen und durch die 3 Schlingen ziehen.
Aufgepasst! Das halbe Stäbchen vor dem Knubbel wird immer
in der jeweiligen Knubbelfarbe abgemascht.

Faden von F1 hängen lassen, nach dem „Knubbel"
wieder aufnehmen und damit weiterhäkeln!
Anschließend „Knubbel 1" häkeln.

9 halbe Stäbchen (F1) häkeln, das 9. halbe Stäbchen bereits mit
der „Knubbel 2" Farbe abmaschen, „Knubbel 2" häkeln.

9 halbe Stäbchen (F1) häkeln, das 9. halbe Stäbchen bereits mit
der „Knubbel 3" Farbe abmaschen, „Knubbel 3" häkeln.

Ab jetzt das Ganze noch zweimal wiederholen, also 9 halbe
Stäbchen (F1) häkeln, in „Knubbel 1" Farbe abmaschen, „Knubbel 1"
häkeln; 9 halbe Stäbchen (F1) häkeln, in „Knubbel 2" Farbe
abmaschen, „Knubbel 2" häkeln, ...

Nach dem letzten „Knubbel 3" noch 10 halbe Stäbchen häkeln.
Die Endfäden der einzelnen Knubbel zusammenknoten. Diese
können am Ende der Arbeit einfach abgeschnitten werden.

3. Reihe - 5. Reihe: halbe Stäbchen (F1) häkeln.

6. Reihe (Rückreihe):
insgesamt 10 Knubbel!

Jetzt werden die Knubbel versetzt!

3 halbe Stäbchen (F1) häkeln, das 3. halbe Stäbchen mit der „Knubbel 2" Farbe abmaschen, „Knubbel 2" häkeln;

9 halbe Stäbchen (F1) häkeln, das 9. halbe Stäbchen mit der „Knubbel 3" Farbe abmaschen, „Knubbel 3" häkeln;

9 halbe Stäbchen (F1) häkeln; das 9. halbe Stäbchen mit der „Knubbel 1" Farbe abmaschen, „Knubbel 1" häkeln;

„Knubbel 3 und 1" kommen insgesamt 3mal in dieser Reihe, „Knubbel 2" insgesamt 4mal vor!

Nach dem letzten „Knubbel 2" noch 6 halbe Stäbchen häkeln.

7. Reihe - 9. Reihe: halbe Stäbchen (F1) häkeln.

ab 10. Reihe: Reihe 2 - 9 stets wiederholen bis das letzte Knäuel von F1 aufgebraucht ist.

Die Decke hat ca. 67 Reihen.

Fertigstellung
Die Fäden der Knubbel abschneiden und die restlichen Fäden gut vernähen.

Einfarbig oder gestreift, mit oder ohne Schleife eine echte Attraktion.
F ist die Abkürzung für Farbe, Rd ist die Abkürzung für Runde

Nadeln: myboshi Häkelnadel 4,5 mm, Stick-/ Vernähnadel

Material: myboshi Wolle No.2

Farben:
- **F1** 253 ozeanblau
- **F2** 255 marine

Farben sind auch frei wählbar!!!

oder:
- **F1** 227 minze
- **F2** 215 avocado

oder:
- **F1** 221 limettengrün *(Boshi)*
- **F2** 237 aprikose *(Schleife)*
- **F3** 213 löwenzahn *(Schleife)*

oder:
- **F1** 262 magenta *(Boshi)*
- **F2** 215 avocado *(Schleife)*
- **F3** 253 ozeanblau *(Schleife)*

oder:
- **F1** 222 grasgrün *(Boshi)*
- **F2** 213 löwenzahn *(Boshi)*
- **F3** 237 aprikose *(Schleife)*
- **F4** 215 avocado *(Schleife)*

Maschenprobe: 10 x 10 cm = 14 halbe Stäbchen x 10 Reihen
Kopfumfang: Größe 0 - 3 (Boshiumfang: 35 cm, 40 cm, 45 cm, 50 cm)
Arbeitszeit: ca. 2 h

Erklärungen

Schleife zur Boshi

Dazu braucht man ca. 8 m Wolle.
Die Schleife ist ein Minischlauch, der mit festen Maschen in der Runde gehäkelt wird. An der kurzen Seite schließt man den Schlauch mit Kettmaschen.

Anfang

6 Luftmaschen + 1 Wendeluftmasche anschlagen
Jetzt in die hintere Schlinge der Luftmaschen einstechen und feste Maschen bilden. Nach 6 festen Maschen das Gehäkelte um 180 Grad im Uhrzeigersinn drehen, sodass die Maschen jetzt nach unten schauen und in die andere Schlinge der Anfangsluftmaschen einstechen und 6 feste Maschen häkeln. Es sind 12 feste Maschen entstanden.

Ab jetzt immer diese 12 festen Maschen in der Schnecke häkeln. Nach ca. 12 Rd ist die Länge erreicht. Jetzt mit Kettmaschen den Schlauch schließen.

1,20 m von einer beliebigen Farbe abwickeln und um die Mitte des Schlauches wickeln, damit die Schleifenform entsteht. Jeweils genug Faden übrig lassen, damit man die Schleife an der gewünschten Stelle der Boshi festknoten kann.

Detaillierte Häkelanleitung
Boshi mini

Anfang oben: *Gilt für alle Größen*

Mit F1 4 Luftmaschen anschlagen und zu einer Runde schließen. Dabei in die erste Luftmasche einstechen und mit 1 Kettmasche zu einem kleinen Ring schließen. Anschließend 1 Luftmasche häkeln. Runden werden immer mit 1 Kettmasche geschlossen auf die noch 1 Luftmasche gesetzt wird (Kettmasche fest anziehen, Luftmasche ein bisschen lockerer lassen).

Runden werden geschlossen, um einen Versatz beim Farbwechsel zu vermeiden.
Bei einem Farbwechsel von vorne in die erste Masche (halbes Stäbchen) stechen und die Kettmasche mit der alten Farbe und die Luftmasche mit der neuen Farbe bilden. Das erste halbe Stäbchen in der gleichen Einstichstelle wie Kett- und Luftmasche bilden.

Fortan wird nun mit halben Stäbchen gearbeitet, die hier als „Maschen" bezeichnet werden.

Anleitung für Größe 0 *(bis ca. 3 Monate, Boshiumfang ca. 35 cm, ca. 30 g myboshi No.2)*

Farbe	Runde	Beschreibung	Anzahl Maschen in Rd
F1	1.	in den Ring vom Anfang 12 Maschen arbeiten	12
F1	2.	jede Masche doppeln, d.h. 2 Maschen in 1 arbeiten	24
F1	3.	1 Masche einfach häkeln, 1 Masche doppeln	36
F1	4.	2 Maschen einfach häkeln, 1 Masche doppeln	48
F1	5. - 12.	jede Masche einfach häkeln	48
F1	13.	jede Masche einfach häkeln	48
F1	14.	Abschlussrunde/Rückrunde: In die entgegengesetzte Maschenrichtung feste Maschen häkeln. D.h. Boshi einfach mit der letzten auf der Nadel liegenden Schlinge um die eigene Achse drehen und häkeln.	48

Anleitung für Größe 1 *(ca. 4 - 7 Monate, Boshiumfang ca. 40 cm, ca. 35 g myboshi No.2)*

Farbe	Runde	Beschreibung	Anzahl Maschen in Rd
F1	1.	in den Ring vom Anfang 12 Maschen arbeiten	12
F1	2.	jede Masche doppeln, d.h. 2 Maschen in 1 arbeiten	24
F1	3.	1 Masche einfach häkeln, 1 Masche doppeln	36
F1	4.	2 Maschen einfach häkeln, 1 Masche doppeln	48
F1	5.	11 Maschen einfach häkeln, 1 Masche doppeln	52
F1	6. - 14.	jede Masche einfach häkeln	52
F1	15.	jede Masche einfach häkeln	52
F1	16.	Abschlussrunde/Rückrunde: In die entgegengesetzte Maschenrichtung feste Maschen häkeln. D.h. Boshi einfach mit der letzten auf der Nadel liegenden Schlinge um die eigene Achse drehen und häkeln.	

Detaillierte Häkelanleitung
Boshi mini

Anleitung für Größe 2 *(ca. 8 - 10 Monate, Boshiumfang ca. 45 cm, ca. 40 g myboshi No.2)*

Farbe	Runde	Beschreibung	Anzahl Maschen in Rd
F1	1.	in den Ring vom Anfang 12 Maschen arbeiten	12
F1	2.	jede Masche doppeln, d.h. 2 Maschen in 1 arbeiten	24
F1	3.	1 Masche einfach häkeln, 1 Masche doppeln	36
F1	4.	2 Maschen einfach häkeln, 1 Masche doppeln	48
F1	5.	5 Maschen einfach häkeln, 1 Masche doppeln	56
F1	6. - 15.	jede Masche einfach häkeln	56
F1	16.	jede Masche einfach häkeln	56
F1	17.	Abschlussrunde/Rückrunde: In die entgegengesetzte Maschenrichtung feste Maschen häkeln. D.h. Boshi einfach mit der letzten auf der Nadel liegenden Schlinge um die eigene Achse drehen und häkeln.	56

Anleitung für Größe 3 *(ca. 11 Monate +, Boshiumfang ca. 50 cm, ca. 45 g myboshi No.2)*

Farbe	Runde	Beschreibung	Anzahl Maschen in Rd
F1	1.	in den Ring vom·Anfang 12 Maschen arbeiten	12
F1	2.	jede Masche doppeln, d.h. 2 Maschen in 1 arbeiten	24
F1	3.	1 Masche einfach häkeln, 1 Masche doppeln	36
F1	4.	2 Maschen einfach häkeln, 1 Masche doppeln	48
F1	5.	3 Maschen einfach häkeln, 1 Masche doppeln	60
F1	6.	14 Maschen einfach häkeln, 1 Masche doppeln	64
F1	7. - 17.	jede Masche einfach häkeln	64
F1	18.	jede Masche einfach häkeln	64
F1	19.	Abschlussrunde/Rückrunde: In die entgegengesetzte Maschenrichtung feste Maschen häkeln. D.h. Boshi einfach mit der letzten auf der Nadel liegenden Schlinge um die eigene Achse drehen und häkeln.	64

Tipps: Sollten die Größen nicht ganz auf den Kopf passen, kann man die eine oder andere Runde weglassen oder dranhängen.

An jede Boshi können links und rechts 2 geflochtene Bändchen genäht werden. Dann rutscht die Boshi nicht mehr so leicht vom Kopf ;)

SKILLS

Einfach zum knuddeln und lieb haben.
*F ist die Abkürzung für Farbe, Rd ist die Abkürzung für Runde,
R ist die Abkürzung für Reihe*

Nadeln: myboshi Häkelnadel 4,5 mm, Stick-/ Vernähnadel
Material: myboshi Wolle No.2 - 3 Knäuel, Füllwatte

Farben:
- **F1** 214 vanille   35 g
- **F2** 238 magnolie   40 g
- **F3** 221 limettengrün   45 g

Farben sind auch frei wählbar!!!

oder:
- **F1** 253 ozeanblau   35 g
- **F2** 294 titangrau   40 g
- **F3** 252 türkis   45 g

Maschenprobe:
10 x 10 cm = 15 feste Maschen x 16 Reihen

Größe: Biene: Länge ca. 20 cm, Tuch: ca. 30 cm x 30 cm
Arbeitszeit: ca. 4 h

Erklärungen

Feste Maschen zusammen abmaschen

Einstechen, Faden durchholen und mit 2 Schlingen auf der Nadel in die nächste Einstichstelle stechen, ebenfalls Faden durchholen und gleich durch alle 3 auf der Nadel liegenden Schlingen ziehen.

Anleitungen

Die Biene

Die Biene beginnt am Hinterteil und wird mit festen Maschen in Runden gehäkelt. Dabei wechselt immer nach 2 Runden die Farbe.

Anfang: Mit F1 4 Luftmaschen anschlagen und zu einer Runde schließen. Dabei in die erste Luftmasche einstechen und mit 1 Kettmasche zu einem kleinen Ring schließen. Anschließend 1 Luftmasche häkeln und mit der 1. Rd beginnen.

Runden werden immer geschlossen, um einen Versatz beim Farbwechsel zu vermeiden. Bei einem Farbwechsel immer von hinten in die Masche stechen und die Kettmasche und Luftmasche mit der neuen Farbe bilden!

Fortan wird nun mit festen Maschen gearbeitet, die hier als „Maschen" bezeichnet werden.

weiter gehts auf der nächsten Seite...

Detaillierte Häkelanleitung
...weiter gehts mit der Biene

Farbe	Runde	Beschreibung	Anzahl Maschen in Rd
F1	1.	in den Ring vom Anfang 8 feste Maschen arbeiten	8
F1	2.	1 Masche einfach häkeln, 1 Masche doppeln	
		d.h. 2 Maschen in 1 arbeiten	12
F2	3.	1 Masche einfach häkeln, 1 Masche doppeln	18
F2	4.	jede Masche einfach häkeln	18
F1	5.	2 Maschen einfach häkeln, 1 Masche doppeln	24
F1	6.	3 Maschen einfach häkeln, 1 Masche doppeln	30
F2	7.	jede Masche einfach häkeln	30
F2	8.	jede Masche einfach häkeln	30
...	...	...	

Aufgepasst! Ab Rd 25 wird nur noch mit F1 gehäkelt. Den Faden von F2 also nach ca. 15 cm abschneiden und gut vernähen.

Farbe	Runde	Beschreibung	Anzahl Maschen in Rd
F1	25.	jede Masche einfach häkeln	30
F1	26.	4 Maschen einfach häkeln, 2 Maschen zusammen abmaschen	25
F1	27.	jede Masche einfach häkeln	25
F1	28.	3 Maschen einfach häkeln, 2 Maschen zusammen abmaschen	20
F1	29.	jede Masche einfach häkeln	20

Aufgepasst! Bevor die Öffnung zu klein wird, die Biene mit Füllwatte füllen und weiterhäkeln.

Farbe	Runde	Beschreibung	Anzahl Maschen in Rd
F1	30.	2 Maschen einfach häkeln, 2 Maschen zusammen abmaschen	15
F1	31.	2 Maschen einfach häkeln, 2 Maschen zusammen abmaschen	12
F1	32.	immer 2 Maschen zusammen abmaschen	6

Ende: Die 32. Rd schließen, Faden nach 15 cm abschneiden, durch die 6 Maschen fädeln, festziehen und vernähen. Für die Augen von der Tuchfarbe ca. 10 cm abschneiden, auf die Vernähnadel fädeln, um eine Masche am Kopf nähen und mit einem Doppelknoten befestigen.

Die Flügel der Biene

Ein Flügel sieht aus wie ein großes Blatt und wird mit festen Maschen in Hin- und Rückreihen gehäkelt.

Anfang

3 Luftmaschen + 1 Wendeluftmasche anschlagen
Aufgepasst! Die Wendeluftmasche nach jeder Reihe nicht vergessen.

Farbe	Reihe	Beschreibung	Anzahl Maschen in R
F3	1.	die 2. Masche doppeln, d.h. 2 Maschen in 1 arbeiten	4
F3	2.	die 2. Masche und die 3. Masche doppeln, alle anderen einfach häkeln	6
F3	3.	jede Masche einfach häkeln	6
F3	4.	die 3. Masche und die 5. Masche doppeln, alle anderen einfach häkeln	8
F3	5. - 7.	jede Masche einfach häkeln	8
F3	8.	3. + 4. Masche und die 6. + 7. Masche zusammen abmaschen	6
F3	9.	jede Masche einfach häkeln	6
F3	10.	2. + 3. Masche und die 4. + 5. Masche zusammen abmaschen	4
F3	11.	1. + 2. Masche und die 3. + 4. Masche zusammen abmaschen	2
F3	12.	die letzten beiden Maschen zusammen abmaschen	

Faden nach ca. 15 cm abschneiden und noch einen Flügel häkeln.

Ende: Flügel an die Biene annähen.

Das Tuch

Das Tuch wird in Hinreihen mit halben Stäbchen und in Rückreihen mit einfachen Stäbchen gehäkelt. Aufgrund der unterschiedlichen Stäbchen wird das Tuch leicht rautenförmig.

Aufgepasst! Die Wendeluftmasche nach jeder Reihe nicht vergessen. Werden in der nächsten Reihe halbe Stäbchen gehäkelt, ist es 1 Wendeluftmasche. Bei einfachen Stäbchen sind es 2 Wendeluftmaschen.

Anfang

42 Luftmaschen + 1 Wendeluftmasche anschlagen

Farbe	Reihe	Beschreibung	Anzahl Maschen in R
F3	1.	halbe Stäbchen häkeln	42
F3	2.	einfache Stäbchen häkeln	42
F3	3. - 16.	1. und 2. Reihe fortan wiederholen	42
F2	17. - 24.	1. und 2. Reihe fortan wiederholen	42

Alle Fäden gut vernähen.

Fertigstellung

Jetzt kann die Biene am Tuch befestigt werden. FERTIG!

Impressum
und Danke...

Wir danken der Firma H&W (www.hw-vertrieb.de) für das Bereitstellen der Wolle.

Impressum Angaben
Text: Stiliana Doynova
Designs: Sarah Hohenberger
Fotos: PAULA BARTELS FOTODESIGN, Helmbrechts
Gestaltung: Designbüro Knüpfer, Konradsreuth
Druck: Wünsch Offset-Druck GmbH, Neumarkt

Materialangaben und Arbeitshinweise aus diesem Heft wurden sorgfältig geprüft, es kann jedoch keine Garantie für die Richtigkeit dieser übernommen werden. Das Heft und die darin enthaltenen Modelle/Fotos sind urheberrechtlich geschützt. Jede Vervielfältigung und Verbreitung durch Fotokopien oder der elektronischen Weiterverarbeitung sind untersagt.

2. Auflage
© 2013 myboshi GmbH, 95028 Hof
ISBN: 978-3-944778-16-7